KS ブックレット No.27

障害のある人の働く姿から

はたらく WORK

三木裕和・きぬがさ福祉会・ひびき福祉会 著

発行―きょうされん
発売―萌文社

ＫＳブックレットの刊行にあたって

ＫＳブックレットの第27号がここにできあがりました。ＫＳとは、本書の発行主体である、きょうされん（旧称；共同作業所全国連絡会）の「共同」と「作業所」の頭文字であるＫとＳを組み合わせたものです。

本ブックレットは、障害分野に関わる幅広いテーマをわかりやすく企画し、障害のある人びとの就労と地域生活の実践や運動の進展に寄与することを目的に刊行しています。社会福祉・保健・医療・職業リハビリテーションに携わる人びとはもとより、多くのみなさまにご愛読いただくことを願っております。

2019年1月

きょうされん広報・出版・情報委員会

はたらく　WORK　障害のある人の働く姿から

もくじ

今こそ問い直す、働く意味

社会福祉法人ひびき福祉会　西村さやか……………………47

「こんなに障害の重い人がこんなにも働いているなんて」／働くとは、まず人が動くことから始まる／支えてもらう存在から、働くことを通して人を支え、人にあてにされる存在へ／小さな小さな気づき、発見の積み重ねが仕事につながる／働くなかで、目標も、達成感も大きく育っていく／仕事は毎日変わらない完成形がある　だから目標に向かってがんばれる／仕事はみんながいるからがんばれる／働くことは集団づくり　育ちあえる労働集団とは／互いの努力している姿が働く雰囲気をつくり、個を集団に引き寄せる／働くことで「わたし」が育ち、人生がゆたかになるということ／どんなことに興味を持ち、手応えを感じ、感動できるか／働くこと、その積み重ねが人生を支えるエネルギーに

●装幀―佐藤 健

まえがき――「働くってなんだろう」

「お仕事、がんばろう」「工賃アップだ、がんばろう」と励まし続けながら、ふと心がざわつく。わたしたちは障害のある仲間たちに何を求めているのだろう。

「みなさんは、パートの方と、遜色ない条件で採用します。だから障害があるからという遠慮はいりません。対等平等。頑張ってください」社長さんの笑顔が、ふと怖くなる。

「ちゃんと仕事できない人がいると、事業所全体の工賃が下がる。連動して報酬のランクも下がる。もう生活介護でのんびりしてもらってもいいんじゃないか」

「生産性」によって、人間の価値ははかれるのか？
「働くってなんだろう」

障害者自立支援法ができてから、障害のある人たちの「働く」は、一般就労や工賃向上が最優先とされる流れがつくられてきました。福祉サービスを「卒業」し、一般就労して納税者となるのが障害者の「自立」であり、障害関係予算の削減や、営利企業の儲けのための手段として、働くことが歪められてきました。これは就労継続支援A型事業所の障害者大量解雇問題や、官公庁の障害者雇用率水増し（偽装）問題にも通底しています。２０１８年度の報酬改定はさらに成果主義が徹底され、生産性、効率性の追求が働く現場を覆っています。助け合い、力を合わせて築いてきた労働集団に楔《くさび》が打たれ、働くことそのものが歪められていく流れは、国がすすめる「働き方改革」を貫く労働観とも重なります。

こうしたなかで、きょうされんが結成以来大切にしてきたこと—どんなに障害の重い人にも労働を保障し、ゆたかな発達を支える実践は、今まさに、その「歪み」の対極に輝いているともいえます。障害の重い人たちが、働くなかで発達していく事実—言葉を獲得し、体力をつけ、命を輝かせてきた事実。社会とつながり、誇りを持って働く姿が地域を変えてきた事実を学び直すことが求められています。「人間にとって働くとはどういうことか」が今ほど問われている時はありません。

このブックレットは、賃労働だけではない、全人格発達としての労働に光を当て、そもそも働くとはどういうことかを学ぶ入門書です。ぜひ、赤ペンを持って、職場の仲間と一緒に読みあわせしながら、じっくり「労働の意義」を味わってください。きっと日々の実践の糸口となるでしょう。

障害の重い人たちの「働く」実践は、今の社会に「働く主人公はだれなのか」をつきつけ、労働価値の新たな地平を拓いていく実践でもあります。本書を通じて、多くのみなさんが、障害のある人の「働く」と、自らの福祉労働を交差させ、「働く」現場に新しい風を吹かせて下さることを期待しています。

２０１９年１月　きょうされん広報・出版・情報委員会

本書で紹介する個人の情報、およびその記述は、プライバシーに配慮し、事実をもとに編集しています。なお、本書の中に登場する名前は、すべて仮名です。

はたらくなかでたくましく——障害のある人にとって、労働とは何だろう

鳥取大学
三木裕和

私は長く障害児学校教員を務めた者ですが、障害児の教育実践は、とくに卒業後の進路問題を巡って、大きく揺さぶられ続けてきました。自立と社会参加の理念が社会適応・順応へと変質し、社会保障に依存しない生き方へと傾斜しました。

その苦境にあって、障害児者を人生の主人公として捉える教育思想は戦後の障害者運動によって支え続けられてきました。わけても共同作業所全国連絡会（現、きょうされん）の果たした役割は実に大きかったと思います。私自身、多くの共同作業所を訪問、見学し、研究会での報告を聞くことで、自らの教育をふり返る機会を得ることができました。

現在は大学教員で、専門は学校教育です。どうしてもその角度からものを考えることになりますが、障害のある人が働くとはどういうことなのかを、各地で出会ったきょうされんの仲間や職員を思い起こしながら、稿を進めたいと思います

1. 現代日本社会と障害者

(1) 一般企業に就労した卒業生

特別支援学校で進路指導を担当し、今は私の研究室で、大学院の研究に臨んでいる現職教員がいます。彼の研究は興味深い展開を見せています(1)。

一般企業就労を果たし、その仕事もなんとか続いており、「どう、大丈夫？」と声をかけると「大丈夫です」と答える卒業生。就労先の上司からの評判も悪くなく、まずは安心と思える卒業生。そんな青年たちが彼の研究の対象者です。「この仕事が続くためには、後は余暇活動がどう保障されるべきか」それが研究の初心

でした。有意義な余暇活動が彼らにはあるのか。社会資源にどうつなげればいいのか。研究のすじみちはそこにあると考え、卒業生たちにインタビューを始めたのです。

何人かにていねいに聞き取りを重ねるうち、彼は「どうも、何かが違う」と感じ始めました。就労の成功例と思えていた卒業生が、長い時間をかけて語る実態は一般企業就労の困難を明らかにするものでした。

特徴的な返答は「仕事が楽しくない」というものです。レストランでのご飯給仕をするAさん。その仕事はもう何年も続いていて、周囲は楽観視していたのですが、Aさんはどうもそうではないらしい。仕事の時間を増やしてあげるという提案を彼は断っていました。雇用主は「キャリアアップ」のつもりですが、彼は「労働強化」と受け止めています。

その他にも、「仕事にやりがいを感じない」という訴えはありました。現業労働のBさんは、急に出勤を依頼されたり、出勤日だと思って出かけると「今日は休んでいい」と言われたりしています。シュレッダー業務が延々と続き、変化も発展もなく、やる気を失っている人もいます。

仕事とはそんなものだ。どんな仕事も楽なものはない。だからこそ、学校教育や就労移行支援事業が必要なのだ、という意見もあるでしょう。そうなのかもしれません。しかし、ホントはどうなのでしょう。熟練性も発展性も必要のない単純労働。成長する実感のない労働をただ耐える。彼らにそんなことを求めていいのでしょうか。知的障害のある人が「こんな仕事は、もう飽き飽きだ」と言うのは、わたしたちに共通する根源的訴えなのではないでしょうか。

知的障害の特性として「学習によって得た知識や技能が断片的になりやすく、実際の生活の場面のなかで生かすことが難しい」「抽象的な内容の指導よりも、実際的な生活場面のなかで、具体的に思考や判断、表現できるようにする指導が効果的である」と説明されることがあります(2)。こういった解説が「じゃあ、体験的に体で覚えさせればいいんだ」「体を使う仕事が向いているんだ」「同じ仕事を繰り返すのが得意なんだ」

という短絡的思考を導き、低位な下働きへの忍従を当然視する。そんな感性を生んでいます。誰であっても、主体性のない、非人間的な働き方はいやなものです。知的障害のある人がその例外であるはずがありません。

⑵糸賀一雄の「ものをつくる」

労働が人間的発達を保障するものになっているのか。この根本問題を彼らは投げかけています。

「社会保障制度を安定的に維持する」という口実で経費が削られ、障害者の一般企業就労が奨励されています。福祉就労も工賃倍増の掛け声が大きい。そのなかにあって、就労継続が自己目的的に追及されています。行きつく先は、非人間的労働環境が待っている。それが実態です。

障害児教育、福祉の先駆者、糸賀一雄はNHKのドキュメント番組[(3)]で「ものをつくる」ことの価値について熱く語っています。近江学園で成人を迎え、就労先が見つからず悩む障害者を見て糸賀はともに苦悩しますが、それでも彼はただ就職さえすればいいとは考えませんでした。労働が障害者本人にもたらす意味について語ります。

「どんなハンディキャップがある人でも、物をつくるっていうことが人間をつくることなんですね。そしてつくるということにおいて、非常な喜びとつくり上げたんだという自信というかね、そういうものを持つことができるんですね。目が輝くわけなんです」

信楽焼にとりくむ障害者を念頭にしたことばです。

同番組に登場する戸次公明《べっきこうめい》さん。彼はびわこ学園入所当時、暴力などの強い行動障害があり、集団参加が困難でした。そんな彼を変えたのは粘土を使った制作活動です。「自分の思いをきちんと伝えられなかった戸次さんが柔らかい粘土に夢中になりました。そして、やり場のない怒りやいらだちの表情が少しずつ消えていったのです」というナレーションに続き、糸賀が語ります。

「発達というのは、はえば立て、立てば歩めという『縦軸』の発達だけじゃなくて、横に豊かなものがいくらでも発達していくんだということ。それは何かというと、感情の世界を豊かに持っているということ。縦の発達だけじゃなくて、横の発達があるということに、わたしたちは希望を持つんですよ。わたしたちは、重症の子どもとの共同の生き方、共感する世界ね、そういうものを大切にしたいと思います」

戸次さんの作業は、彼自身の人間的な成長を保障するものとなりました。ものをつくることが自分自身をつくることだったのです。さらに重要なことは、その姿を通して、職員が共同の生き方、共感する世界を形成したことです。「戸次さんがつくり出す作品は、この施設で働く職員たちの大きな励ましとなりました」というナレーションが続くのですが、事実、私自身が第二びわこ学園を見学した時に、職員さんが大事そうに戸次さんの作品を紹介し、わたしたちの誇りなんだと語ったことをよく覚えています。

知的障害者の知性を見下し、単純労働を平気で続ける人たちだと見誤る。社会に負担をかけないで生きていきましょうと言う。その現代的トレンドを疑う必要があります。糸賀の言葉を借り、障害のある人の労働について、以下の問いかけをしてみたいと思います。

労働が、「ものをつくること」になっているのか。「人間をつくること」になっているのか。労働が「喜び

と自信」につながっているのか。労働が「自分の気持ちを表現したもの」になっているのか。労働が「横に豊かに発達していく」ことになっているのか。「感情の世界を豊かに持っている」ことにつながっているのか。労働が「職員との共同の生き方、共感する世界」となり、「職員の励まし」となっているのか。

(3)「何を甘っちょろいことを言っているんだ」

これに対して、「そんな甘いことを言ってる場合じゃない。厳しい社会で生きていくためには厳しさが必要なんだ」と言われることがあります。社会福祉に依存せずに生きなさい、タックスペイヤーになりなさいと経済的自立を求める言説も多くなっています。

「皆さんは、志村学園の生徒としての『責任』と、保護者としての『責任』を常に自覚し、果たすことができていますか？　約束したことや誓ったことを歯を食いしばって守ることができていますか？（中略）卒業時100％企業就労を目指すなら、なんでも100％でなければなりません。保護者会の出席率、学校評価の提出率、提出物の〆切内提出率、すべてにおいて、100％にこだわり、卒業時の目標を達成しましょう。そして定着率100％を経て、幸せ率100％を目指しましょう。『覚悟』を決めて自ら勝ち取ろうとのぞめば、我々は精一杯支援します。その結果この願いは、必ずかなうはずです。かなうにきまっています。私は信じています。」[(4)]

これはある知的障害特別支援学校の学校だより、副校長のあいさつですが、まるで学徒出陣のような勇ましさで一般企業就労を鼓舞しています。この流れに合流するかのように、各地で職業検定・技能検定がとりくまれています。ある県の清掃技能検定マニュアルを見ましたが、タオルのたたみ方（八折りに正しくたたむ、タオルの端がそろうようにたたむ）、ぬらし方（バットを握るように絞る、腕を伸ばして絞る、水滴が出ないようしっかり絞る）に始まり、実に細かい指示が続いていていました。マニュアルは30ページを超えるボリュームです。

清掃会社の社員教育なら必要です。しかし、障害のある人の青年期教育として、このような恭順訓練は、その発達要求に応えるものとなっているのでしょうか。

筆者がかつて勤務していた特別支援学校では、高等部開設20周年の卒業生悉皆《しっかい》調査で、全卒業生３００名中、一般企業就労者が１３０名あり、そのうち離職者が74名、さらに精神障害に至ったケースが13名ありました。職場不適応の後、離職。家族とも会話を絶ち、自室に閉じこもってお札や通帳をハサミで切るようになった人。出社できなくなり、相談会の席上、会社の名前が出ると体の震えが止まらなくなった人。冗談の好きな明るい青年だったのに、離職後は毎朝学生服に着替え、押し入れにこもって卒業アルバムを眺めて過ごしています。精神科校医とともに検討を行ない、この13名に共通するものとして、①作業能力は低くない（高い）、②社会性（対人関係）が弱い、③職場が競争的な環境である、ことが分かりました[5]。

知的障害者にうつ病、統合失調症、不安障害などの精神疾患を合併する率が高いことはかなり以前から報告されています[6]。確定的な研究結果は見られないようですが、知的障害が宿命論的に精神疾患を招くのではなく、環境要因の与える影響が強いとされています。学校教育や社会福祉の世界で、知的障害のある人を追いつめ、不可逆的な窮地に立たせることがあってはならないと切に思います。

2．障害のある人と労働

(1)京都府立与謝の海養護学校

養護学校義務制の10年前（1969年）に、どんなに障害が重くてもすべての障害児の教育を保障しようという理念で設立された学校が京都丹後地方にあります。京都府立与謝の海養護学校。運動の先頭に立った青木嗣夫（第2代校長）さんは、著書『未来をひらく教育と福祉』の中で、障害者にとっての労働の意義を何度も語っています。

「養護学校を卒業する段階で関係者の努力によって就職させたとしても、三ヵ月なり半年で離職してしまい、家に帰ってそのまま家庭での生活に入ってしまいます。しかも、家庭に何か仕事があればよいのですが、そうでなければテレビにお守りをしてもらう存在になっていました。そういうことが出てきますと、このまま放ってしまうわけにはいかない。卒業した人たちの引き続く発達をどう保障していくのか、そのためにどうするのかという具体的な課題がわたしたちの前に出てきます。」(7)

養護学校づくりの後に、彼らは共同作業所づくり運動を始動させるのですが、注目したいのは、青木さんたちは「発達を保障する」という観点で労働を捉えていることです。社会に迷惑をかけないとか、社会保障費の抑制とか、障害者の経済的自立とか、そういう理由から考えているのではありません。あくまでも、障害のある人、本人の立場に立っています。振り返ってみると、戦後障害者運動のスローガン「働こう障害者も、働けるんだわたしたちも」はまさにその精神によるものでした。障害者の発達を保障するために、労働はどうあるべきなのか。その基本に立ち返る必要があります。

⑵労働概念

さて、労働という概念について整理をしておきます。

労働は「人間が外的自然に働きかけて、新たな使用価値（社会的価値）を生み出す営為」です。

ここで重要なことは、生み出すものが「使用価値」を持つものであること、なおかつ、それが社会的価値を有する、つまり、自分にだけ使用価値があるのではなく、多くの人にとって使用価値のあるものということです。陶芸でお皿をつくるにしても、底の抜けているものではなく、ちゃんと使えるものをつくるのが労働です。粘土で恐竜を作って自分だけ楽しめる場合、それはそれで意味のある活動ですが、通常、労働概念に当てはまりません。

また、労働は「働きかける営為を通して自らを変革する」と言われます。

労働は単に使用価値をつくり出すだけでなく、その過程を通じて人間性を豊かに形成する力があるのです。糸賀の言う「物を作ることが人間をつくること」の思想はここに通じます。

ここで気になるのは「遊び」という概念です。遊びも人間の発達にとって重要なものですが、遊びは労働と異なり、基本的に結果は問われません。粘土の恐竜づくりは、商品を志向する場合などを除けば、遊びに位置づけられます。遊びは活動そのものに価値があるのです。

遊びと労働には発展的な系統性があると見られます。遊びは労働の準備段階だとも言えるのです。だから、遊びは子ども期によく奨励されます。しかし、遊びは労働の準備段階としてのみ意味があるとは言えません。大人になっても、自己の人間的諸力を発揮したいという要求があり、それが趣味や余暇活動として生活を彩ることになります。成人期においても、遊びと労働は相互浸透性があるのです。障害のある人の場合、社会的価値を生産することが得意ではありませんので、この相互浸透性はとくに重要となります。

労働は人間性を形成するうえで決定的に重要ですが、現代社会にあって、それは時に「疎外された労働」として、むしろ、人間性を損なったり、個人の尊厳を傷つけることもあります。生産手段（労働対象と労働手段、つまり、自然、原材料、道具、機械、装置、土地、交通など）を持たない階級は、労働力を時間で売る契約（賃労働）によってしか生活を維持できません。しかも、労働によって生産された成果が労働者の所有とはならないうえに、生産過程における労使関係が人格的従属を生みやすく、労働の喜びが対立物に転化するおそれが生じるのです。

労働力を時間で売って生活をする。現代社会で一般的となったこの働き方において、特に困難を有するのが障害のある人たちであり、それは個人の尊厳が傷つけられやすい立場にあると言えます。一般企業就労においては、特にそのおそれが強いですし、経済的効率を重視する昨今の福祉就労も例外ではありません。

では、どのような条件の下でなら、労働本来の価値が成立するのでしょうか。それを障害者の立場に立って考えていきます。

3. 障害のある人の労働

(1) 新たな社会的価値を生み出す手応え、喜び

労働の最大の喜びは、価値あるものをつくり出す手ごたえです。まず、これが必要です。

自らの知的能力、身体的能力を総合的に発揮し、何かをつくり出す。誰かの役に立つという喜び。それが

労働を支えています。「ほら、おいしそうなのができました！」と笑顔でトマトを差し出す農園班の青年。そこには、労働の成果が自分の元を離れても価値を失わない。その自信があふれています。障害のある人においても、労働の第一の価値はここにあります。

逆に言えば、この喜びから遠くなればなるほど、労働は本来的な価値を見失いがちです。労働の訓練として、ボールペンの組み立て作業を見たことがありますが、別の部屋でそのボールペンを解体する作業があり、その循環で作業が永続するシステムとなっていました。これは、社会的価値を生み出すという労働の本質を愚弄するものですが、それ以前に、徒労を強要するという点で人権侵害の域に達しています。

障害のある人の労働において、「新たな社会的価値を生み出す」という喜びが重要です。このことはいくら強調しても、強調しすぎということはありません。

⑵自分自身が変わっていく喜び。発達。労働の中核的な意義

a 賢く、たくましくなっていく喜び

労働には「自分が変わっていく、賢くなっていく」という喜びがあります。先の農園班の青年は「このトマト、来週が食べごろですよ」と語っていましたが、その表情には自然の法則を会得した自信がみなぎっていました。

結果が重要という性格上、労働は目的意識性が必要とされ、見通しや計画が大切となります。見通しや計画の力は、狭い意味の精神労働にのみ必要とされるのではなく、現業労働、肉体労働を含むすべての労働において必要です。人間の知的発達にとって労働が不可欠とされるのはここに由来します。

通常、労働における知的活動は、目標の設定、手順、計画、管理などが求められ、それは5歳の発達段階

を前提とすることが多いように見受けます。客観的、リアルな目標、自己の活動結果と目標とのズレ、それにくじけることなくアドバイスを受け入れ、自らも工夫をこらして挑戦する。そういう知的活動が期待されます。これらはもちろん大切な力ですが、それ以前の発達段階でも労働における知的活動は成立します。

他者の意図を受け入れつつ、自分なりの見通しやつもりを持つ。活動の結果に対して、第二者や集団から承認されて、それを理解し、受け入れる。「自分は一人前だ」という誇りを持つ。

他者と目標を共有し、それを意識した活動をする。結果を共有し、情動的交流がある。試行錯誤や集団的活動を通して、ものにはたらきかける喜びを体感する。

発達に制約がありながらも、労働においてそれぞれの知的活動が展開されることは、わたしたちが実践の中で幾度となく接してきた価値だと思います。

道具の使用における熟練性、巧緻性の向上は本人にも手応えを感じさせ、仕事着の汚れさえ誇らしく感じます。「働くなかでたくましく」というスローガンには労働の価値への深い信頼が込められています。

b　労働者としての生活

労働は、それが人間の自然を損なうものでない限り、快い疲れと充実感を残します。農園班の青年は気持ちの良い汗をかき、日に焼けた顔で労働者としての誇りを感じとっていました。労働を軸とした生活のリズムは、生体としてのヒトを支える重要な柱となります。

障害者白書によると、知的障害者の高齢化率（65歳以上が占める割合）は極めて低い水準です。２０１３年版では「（国民全体の）高齢化率20・1％に比べて、知的障害者の割合が5分の1以下の水準である」としています。その後、いくぶんの改善が見られ、２００５年、3.7％、２０１１年、9.3％、２０１６年、15・5％（２０１８年版障害者白書）と高齢化率は上昇しています。高齢の知的障害者が増えていることが分かります。しかし、国民全体の高齢化率が27・3％（2016年）であることを踏まえれば、依然として低水準にとどまっています。しかし、知的障害のある人は長生きが困難なのです。

白書はその理由について「健康面での問題を抱えている者が多い状況をうかがわせる」と書くのみですが、知的障害の原疾患・合併症との関連や、家族生活の維持困難、貧困、体調不良の自覚や訴えが容易でないこと、不慮の事故があることなど、多様な原因が考えられます。しかし、ここで注目したいのは「労働からの排除」という事情です。

労働を軸とした生活は、その人の健康と生命予後に良い影響を与えます。朝、目が覚め、服を着替え、さあ行かなくちゃと思える場所がある。通う場所があり、働きかけるべき労働対象があり、それを取り巻く人間関係がある。努力や試行錯誤が求められる。そういう人間らしい生活リズムがないとしたら、生命予後に決定的影響があると推測されます。学齢期の児童生徒が学校教育システムの中で健康保健が保障されるように、働く人は労働環境の中で保健医療施策が展開されます。

障害のある人が働くということは、生命を守ることそのものなのです。

c　しかし、一方で「自己と向き合う困難」も生じる

労働は「自己と向き合う困難」も招きます。

上記したように、労働は自己の活動・能力・努力が対象化されます。結果が取りざたされます。遊びと異なって、「出来」が問われるので、「できなさ」が露わとなるのです。

「他人からどう評価されるか」に敏感になっている人においては、できなさに向き合えない、自己の弱点に向き合えない姿が生じやすいものです。特に、周囲が「できる・できない」の二分的評価を繰り返し、「がんばれ」だけの精神訓話の環境になると、逃避や反抗を招きます。安易な励ましや慰めは、劣った立場の自

己を自覚させる契機になります。

いわゆる「ほめて育てる」という態度は、その底に「ほめることで行動をコントロールしよう」という下心があり、それは必ず評価への過敏性を強めます。「根拠のない万能感を示すかと思えば、困難な課題に向き合おうとしない」という態度は、そういう指導の結果であることがしばしばです。

彼らは「ほめられる」よりも大事なものを求めています。ほめられようが、けなされようが、何としてもやってみたいことを見つけ、それにとりくみたい。そのなかで、自分の成長に手ごたえを感じる。そういう生き方を求めています。だんだん成長する自己と、それを実感できる自己形成視。これこそが彼らが求められているものです。

成長する自己にゆったりとした安心を得るからこそ、努力が継続し、目標を修正し、目標を再生産することができます。かつての自分より今の自分を誇らしく感じる心は、将来への希望を生みます。時間系列のなかで希望を感じているからこそ、ほめられることも真実みを持って受け止められます。

発達的に幼い段階にある人は、活動の一つひとつに承認を求めてくることもあります。それには誠実に応えるべきですが、ここでも行動コントロールとして「ほめる」のではなく、活動そのものの手応え、自己充実感が求められていると考えたいものです。

⑶集団性、集団規律

a　労働に集団性は欠かせない

集団性は、労働において欠くことのできない本質的属性です。

一人ひとり、単独で行なっていた労働が集団で行なわれることで、集団が一つの人格を持つかのように機能し、労働の質が向上します。労働の生産性において、分業と協業の成立が決定的に重要であったことは歴史がわたしたちに教えるところです。人間の労働は集団を不可欠の要素として成り立っているのです。

労働集団は、労働力の質が同じレベルであることが求められがちです。等質集団が効率的であると理解されるのです。事実、福祉事業所でもそういう集団編成がよく見られますが、時に、そういう集団で精神的なバランスを崩す人も見られます。仲間関係が競合関係に転化し、競争的環境でイライラするのです。障害の重い人の集団に移った軽度の人が笑顔を取り戻した例もありました。

もちろん、等質集団が一概にいけないわけではありません。問題は、その集団の民主性です。どの成員も個人として尊重され、集団における存在価値を実感できるものとなっているのかどうか。集団規律が集団の機能を効率的に運営するだけでなく、個人を守るものとなっているのかどうか。それが問われています。

民主主義の小さな単位として、労働における集団性の問題を考える必要があります

b　集団として発達する

特別支援学校の作業学習では「一人で黙々と働く」ことが求められたりします。これは、労働と言えば賃労働、即ち、雇用関係において時間単位で労働力を売り渡し、その報酬として賃金を得るという形式が一般的になったことから由来した労働観です。一人ひとりの労働力を「単品」で評価する必要から生まれたもので、市場原理が教育に逆流した人間観です。

もちろん、教育評価のあり方として、個人単位の評価が重要であることは事実ですが、一方で、集団そのものの成長も大切です。例えば、サッカーチームを見るときに、わたしたちはチームそのものの力を見ます。「強くなったなあ」と感じるのは集団を見ているのです。労働場面でも、集団そのものが成長したなあと実感することはよくあることです。

質の高い集団に入って、ある個人が急速に力を高めることはよく見られます。その人個人の力がどれだけ成長したのか、うまく説明できないときでも、まるで集団に触発されたかのように力量を発揮します。本来的に、人間の諸力は集団依存性が高いのです。発達という場合、個人単位で見るだけでなく、集団そのものを見る視点、もしくは集団の中でこそ発揮される個人の力も見るべきだろうと思います。

異質な個人が集う集団も重要です。多様な能力、個性が集まってこその集団です。得手不得手があって集団が機能する、とも言えます。思春期・青年期は親や大人から自立したいという要求が高まり、友だちがほしい時期です。そこには何でも話せる関係が必要であり、個別的経験に基づく価値感の交換が大切です。思春期・青年期課題に応える集団、つまり、いろんな人が存在する集団が大切なのです。

仲間の働く姿を見て、お互いを認め合う。そういう経験が、人間に対する多面的な理解、価値観の多様性を生みます。他者理解を通して自己理解を深める場面です。それは、情動的一体感、高揚感、所属意識を形成します。学校教育で疎外感を強めた人が、卒業後の福祉労働で、社会参加への希望を持つにいたった例もあります。労働は仲間づくりの大きな力を秘めています。

c　集団の意義を形骸化する「ほうれんそう」

労働における分業と協業は、本来的にコミュニケーションを必要とするものでした。労働者相互の意思疎通、相互連携が不可欠でした。ところが、生産の効率性が優先される集団ではそれが形骸化し、「ほうれんそう」など、職場規律だけが先行する姿が見受けられます。

労働におけるコミュニケーションは、人間的意思疎通の源泉ですが、報告、連絡、相談の形式だけが重視され、声の大きさ、姿勢、回数などが訓練対象となったりします。障害のある人のコミュニケーション、労働環境には寛容さが必要です。許し合える環境、非競争的環境が肝要なのです。「ほうれんそう」の強調は、その逆の環境を用意するように思われます。

⑷社会参加、主権者としての意識

「労働は社会的価値を生み出す」という意味は、「自分のためだけ」ではないものをつくり出すということです。それは社会的有用性を自覚、確認するということですから、社会的視野が必要となります。

もちろん、知的発達との関係があるので、どの発達段階の人も同じように社会的視野をもつとは言えません。しかし、掃除一つをとっても、その行為が、目の前にいない人を喜ばせる可能性があることを考える。それが労働のプロセス全体を支えるものになります。

販売活動でお客さんにふれあう活動を喜ぶ人がいます。下請け作業であっても、納品を直接相手に手渡すのが好きな人もいます。これらは社会参加の入り口として大切な価値を持っています。

労働過程そのものに楽しさが乏しい場合であっても、社会的有用性が支えとなることがあります。エコステーションで働く青年が、働いた後の快さだけでなく、社会に役立っているという実感を朴訥《ぼくとつ》と語るのを聞いたことがありますが、労働のもつ社会性の自覚を感じさせました。それは主権者としてこの社会に生きる契機であると思いました。

⑸労働の対価(賃金、工賃)

a お金は大事です

最後にお金の話をします。

障害者の就労は、今やほとんどお金の話でことが進められています。「特別支援学校卒業生の3割は一般企業就労をして、社会福祉に依存しない人生を」「就労継続A型は国からの支援費をあてにしないで、最低賃金を自前で稼ぎなさい」「平均工賃を上げないと、報酬ランクを引き下げます」などなど、お金の話は威力抜群です。障害者の労働はどうあるべきかなど、それまでの議論が一気に吹き飛んでしまいます。

お金の話は大事です。しかし、それは何よりもまず、障害のある人本人にとって、お金は大切だという文脈で語りたいものです。

賃金を得て経済的に自立する可能性があり、そう願っている人たちにとって、お金は生活自立、精神的自立の基礎です。働くことそのものに夢や希望が見い出しにくいケースでも、「お金のために働くんだ」という働き方もあります。それを否定することはできません。また、消費生活の文脈でお金の価値を語ることも可能です。あふれる商品文化の中から商品を選び取る消費行動は、どの個人にとっても大切な楽しみです。

しかし、お金が大事とは言うものの、それは障害基礎年金など公的扶助を確かに保障するなかで論じられるべきものです。強くて富める人が、障害があり、労働の困難を有する人に対して「自分でお金を儲けて、タックスペイヤーになりなさい」と迫るのはフェアではありません。人間は長い歴史を通して、相互に助け合う社会を形成してきたのであって、「インクルーシブな社会」というのがお金の話を抜きにした理念だけの議論だとしたら、それは値うちのないものです。

「工賃引上げを効果的に進める上で、民間企業の有するノウハウや技術を活用することが有効であると考えられることから、こうした企業的な経営手法を導入するための方策を積極的に盛り込むこと」(8)と謳《うた》われますが、民間企業のノウハウでうまく経営できるのなら、つまり、そんなに儲かる仕事であるのなら、古くから営利企業がどんどん参入しているはずなのです。

「障害者が働く」ために無認可の共同作業所でどれだけ多くの人が努力を積み重ねてきたか。営利に結びつかない分野で誰が何を大切にしてきたか。その事実を知りながら傍観を続けた人たちの冷酷な演説。そんなものに耳を傾けたくはありません。

b　金額の多寡を超えた価値

私の友人には軽度知的障害のある息子さんがいます。彼が訓練を経てやっと就労し、初任給を得た夜、缶ビールを2本プレゼントされたそうです。特にこれという前置きもなしに、テーブルに置かれた、冷えた缶ビール。友人は「人生で一番おいしいビールだった」と語ります。

その息子さんは、家族旅行の旅先でおみやげを買うとき、「ぼくの給料でそれを買うんだね」と何度も確認するらしい。このおみやげで、自分の大切な人を喜ばせる。それが自分の賃金から賄われていることに誇りを感じているのでしょう。

障害のある人が、労働の対価として賃金、工賃を得る。そして、それを自由に使えるということは何ともすばらしいことです。それは金額の多い少ないを問わず、もちろん、多い方がいいに決まっていますが、すばらしさにかわりはありません。

お金を持っているというのは、人間的自由の一つです。障害のある人が「はたらく」ということの大切な一側面として記憶しておきたいと思います。

4. むすびに代えて

ある特別支援学校の研修会にお招きいただき、「障害者と労働」のテーマでお話ししました。研修会の後、校長先生が近づいてきて、こうおっしゃいました。

「労働が喜びだとは初めて聞きました。私の人生で、働くっていうことは苦役でしかなかったものですから」もちろん、冗談です。笑顔で、親しみを込めて言ってくださったのですから。でも、これ、含蓄深い発言です。現代日本において、労働は喜びであると簡単には言えない。分けても、障害のある人たちにとってそれはさらに難題だということを彼は確認したかったのだろうと思います。

19世紀イギリスの女性旅行家、イザベラ・バードは1878年（明治11年）、日本を訪れ、東京から北陸、東北、北海道、近畿など広範囲を旅行し、『日本奥地紀行』などの著作を残しています。当時の日本人の背が低いこと、蚤や蚊がとにかく多いことなど、かなりの悪口もありますが、親が子どもを殴らないこと、父親が子どもとよく遊ぶことなど、子煩悩な日本人の様子も活写しています。特に彼女の興味を引いたのは、日本人がみんな働いていると見えたことでした。

「上陸して最初に私の受けた印象は、浮浪者が一人もいないことであった。街灯には、小柄で、醜くしなびて、がにまたで、猫背で、胸は凹み、貧相だが優しそうな顔をした連中がいたが、いずれもみな自分の仕事をもっていた」(9)

これについて、民俗学者、宮本常一は「何か仕事をしてつくったものを自分の家の前で売っている、下駄の歯替えをする、きせるの掃除をするといった人たち」のことを指しているだろうと解説しています(10)。

19世紀後半のイギリスは産業革命の先導として成功を収め、大規模な工業生産が行なわれていました。一部の富める資本家と多数の賃金労働者、そして、失業の果てに浮浪者となった人たちが街にあふれるという社会構造です。そんな国からきたイザベラにとって、賃労働者と失業者に分化する以前の街を見たことに驚きがあったのでしょう。「みんな働いている」という感想は未成熟な社会の観察でしたが、しかし、資本主義社会の発展が決して人々を幸福に導くとは限らない。それを実感させるものでした。

現代日本で、働くといえば賃労働が基本です。しかし、障害のある人の労働を考える際、賃労働の姿だけをモデルに考えるのはあまりにも頑迷です。障害者の働き方を目の前の経済ルールから導き出すのではなく、本来、それはどうあるべきなのか、その内容と形式を発想豊かに構想したいものです。

現代日本の経済力は、障害者の生活や福祉就労を支えることができないほど脆弱なのか。そんなことはありません。

この人たちの働く姿を通して、「人間の労働は本来どうあるべきか」を発信することは、わたしたちだからこそできるはずだと思います。障害者の福祉実践は、その歴史的課題を担っています。

（注）

(1)野波雄一、鳥取大学大学院持続性社会創生科学研究科、鳥取大学附属特別支援学校教諭
(2)文部科学省初等中等教育局特別支援教育課「知的障害者である児童生徒に対する教育を行う特別支援学校の各教科等の改訂の要点」、特別支援教育67号、２０１７年
(3)ＮＨＫ「ラストメッセージ、第６集 この子らを世の光に」初回放送、２００７年3月20日。ＮＨＫのＨＰを参照しました。
http://www6.nhk.or.jp/special/detail/index.html?aid=20070320
(4)東京都立志村学園、２０１４年11月学校だより
(5)三木裕和「知的障害の教育実践と研究課題」、ＳＮＥジャーナル、第20巻第1号、pp. 38‐50、２０１４年、安達忠良「特別支援学校の進路指導からみる就労支援の課題―過疎地域での実践」、障害者問題研究、第36巻第2号、pp. 56‐62、２００８年
(6)アメリカ精神遅滞学会編著、茂木俊彦監訳『精神遅滞【第9版】―定義・分類・サポートシステム―』、学苑社、pp. 87‐103、１９９９年
(7)青木嗣夫『未来をひらく教育と福祉』、文理閣、p194、１９９７年
(8)「工賃倍増5か年計画」を推進するための基本的な指針、２００７年、厚生労働省社会・援護局障害保健福祉部長

(9)イザベラ・バード『日本奥地紀行』、平凡社ライブラリー文庫、p26、2000年
(10)宮本常一『イザベラ・バードの旅「日本奥地紀行」を読む』、講談社学術文庫、p21、2014年

夢と願いを織り交ぜて——仲間・地域とつながって働く

社会福祉法人きぬがさ福祉会
瀬川正樹・藤井幹子・淡路陽介・藤田聡美

滋賀県琵琶湖の東側に位置する近江八幡市安土町。あおいさんは、きぬがさ福祉会の歴史とちょうど同い年の女性です。２００１年、法人内において重度障害者の労働を保障するため滋賀県下初の創作・軽作業型共同作業所「ほっと共同作業所」を立ち上げた翌年、共に働く仲間の一人として加わりました。

あおいさんが、きぬがさ作業所と出会うまで

あおいさんは自閉性障害をもち、小さい頃から多動でした。地元の保育園・小学校に通っていましたが、高学年頃から小さな子どもや甲高い声の子どもを蹴ったり突いたりするようになり、途中で養護学校へ編入します。中学部ではさらにイライラする⇩蹴る・突く⇩制止されてもっとイライラする⇩さらに蹴る・突くという連鎖がひどくなり、その行動や関わり方から、先生との関係が中心でした。高等部の頃には寄宿舎での経験も加わり、先生を支えにして、友達との関係も少しずつ広がっていきました。ちょうどその頃、卒業後に向けて作業所での実習も行なわれ始めます。慣れない場所、初めて出会う人などあおいさんにとって刺激の多い状況であったと思われましたが、少しだけ仕事にとりくむ姿も見られました。それでも多動で走り回り近くにいた利用者を押したり蹴ったりして、大け

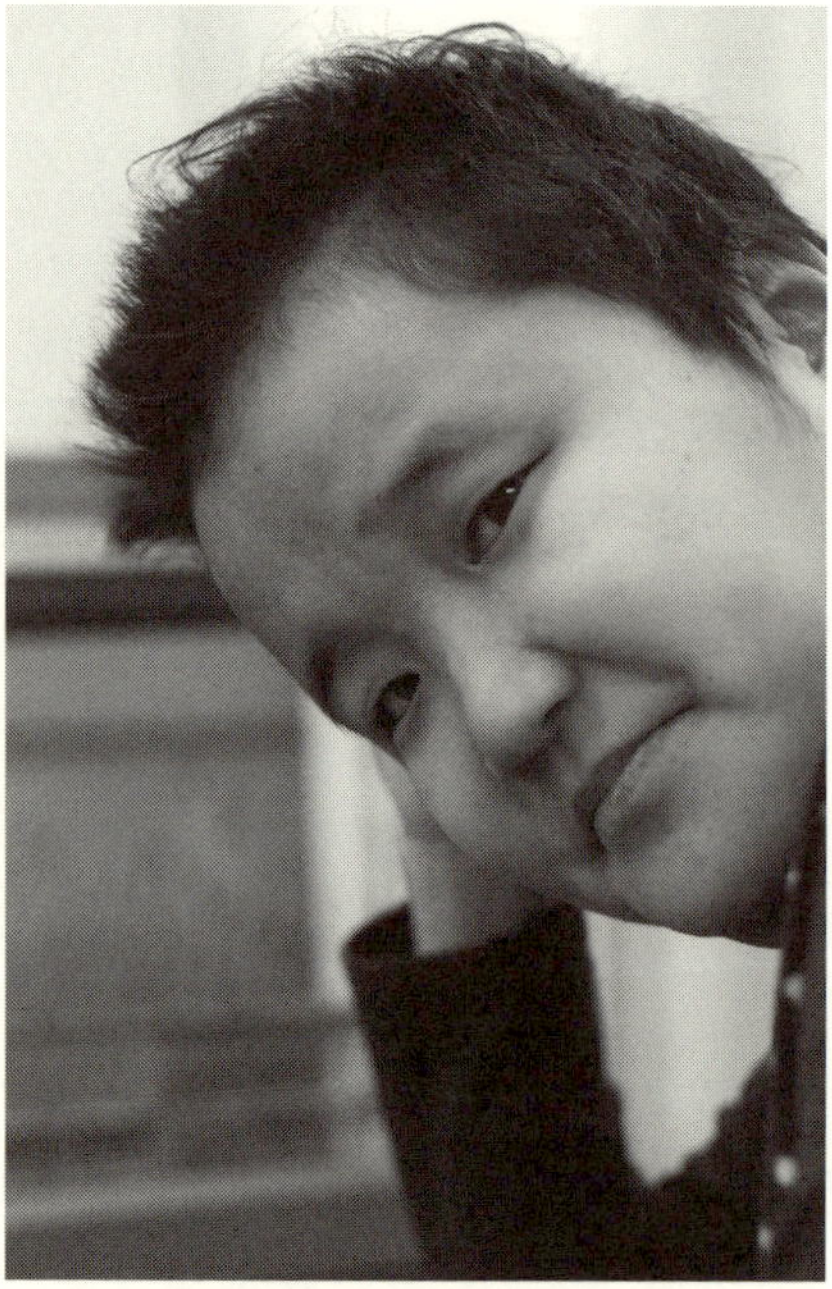

がをさせてしまったこともありました。そんなあおいさんの卒業後の進路は、簡単には決まらず混迷を極めました。

法人として、初めての重い行動障害のある人をどう受け止めていくか

作業所は養護学校と違い、手狭な空間であるため他の利用者との接点は多くなります。苦手な声、動きに反応したり、パニックにつながるたくさんの刺激があります。また学校と比べ、職員体制も貧弱で、マンツーマンであおいさんに寄り添う体制をとることは困難な状況にありました。

法人にとって重い行動障害のある人をどう受け止めていくか、単に居場所があれば良いというのではありません。日々いきいきと働くことができる場、安心できる仲間集団をつくっていくことが必要です。さらに、重い障害があっても、あおいさんらしく暮らせる地域をどうつくっていけるか、まさに行政も巻き込んで、法人内の議論を積み重ねました。

自治体独自の加算制度が、職員の加配をあとおしし、作業所生活のベースをつくった

そこで活用したのが滋賀県独自の共同作業所制度である『創作・軽作業型作業所』の制度でした。この制度は、「一定数以上は原則として重度重複障害や強度行動障害により生活面や作業能力面等で常時の支援や介護を要する利用者でなければならない」といった規定はあるものの、従来の補助基準額一人当たり（月額）6万9000円に対して一人当たり（月額）12万1000円が支給されます。また、安土町が単独で作業所1カ所あたり年額100万円を上乗せする運営補助金も活用し、職員を加配するための財源確保ができました。あおいさんが属する班は、5名の利用者に職員2名とし、マンツーマンの体制も実現できました。朝の送迎バスの迎え入れから、昼食時を含め1日中あおいさんと一緒に過ごすことで「この人が私と関わってく

れる人なんだ」と分かれば、不安な気持ちも受け止められます。「作業所に通いたい」という願いを中心に行政・地域・関係者の願いが重なった結果でした。

見通しの持ちやすい空間。まわりの人も意識でき、関わり合える空間の工夫

また、感覚が過敏なあおいさんには、空間の工夫も大切でした。民間助成金を活用してきぬがさ作業所敷地内に「地域・交流スペース」を建設し、そこをあおいさんの働く場としました。きぬがさ作業所とは別の建物なので、他の利用者の作業や会話による音がシャットアウトされることと、作業メンバー以外の利用者が急に入ってくるという外部刺激が少ないという利点は大きかったと思います。

また、空間をカーテンで分け、作業する場所と休憩する場所とを区切ることによって、あおいさんにとって何をする場所で、何をする時間であるのかを理解しやすいようにしました。さらに、個々の作業空間を区切ることなく、他の利用者も一緒に仕事できる場所づくりを行ないました。このような工夫はあおいさんが他者と関わりがもてる機会を保障しつつ、他者と共に「働く」ことに実践のポイントをおくものでした。

シャトルで横糸をすべらせていく。リズムに乗ったら鼻唄まじり（どんぐりころころ）

あおいさんの心が「おしごと」に向きあうまで

どこかに行く、誰かを押す、床にダイブして一日が終わる

しかし振り返れば、最初の頃はお互いが手探りの状況であったように思います。言葉もまったくなく、「〜しようか」という働きかけに対して床を滑ったり、服の襟元を噛んで高く飛び跳ねたりと拒否の行動が続きました。休憩スペースで延々と画用紙にクレヨンで線を引いて過ごし、職員の隙を見て一人で外に出てしまうこともありました。自宅から急にいなくなり、近くのコンビニエンスストアで商品を並べ替えていたり、翌日になって隣町で発見されることも。仕事どころか毎日が緊張の連続でした。

「心の同期」となるまでとことん寄り添う……「鍵」をかける!?

安全確保のために鍵をかけることも検討しました。しかし、鍵をかけることが本人の「〜したい」という思いを摘んでしまうのではないか、彼女の心にも、職員の心にも「鍵」をかけてしまうことに

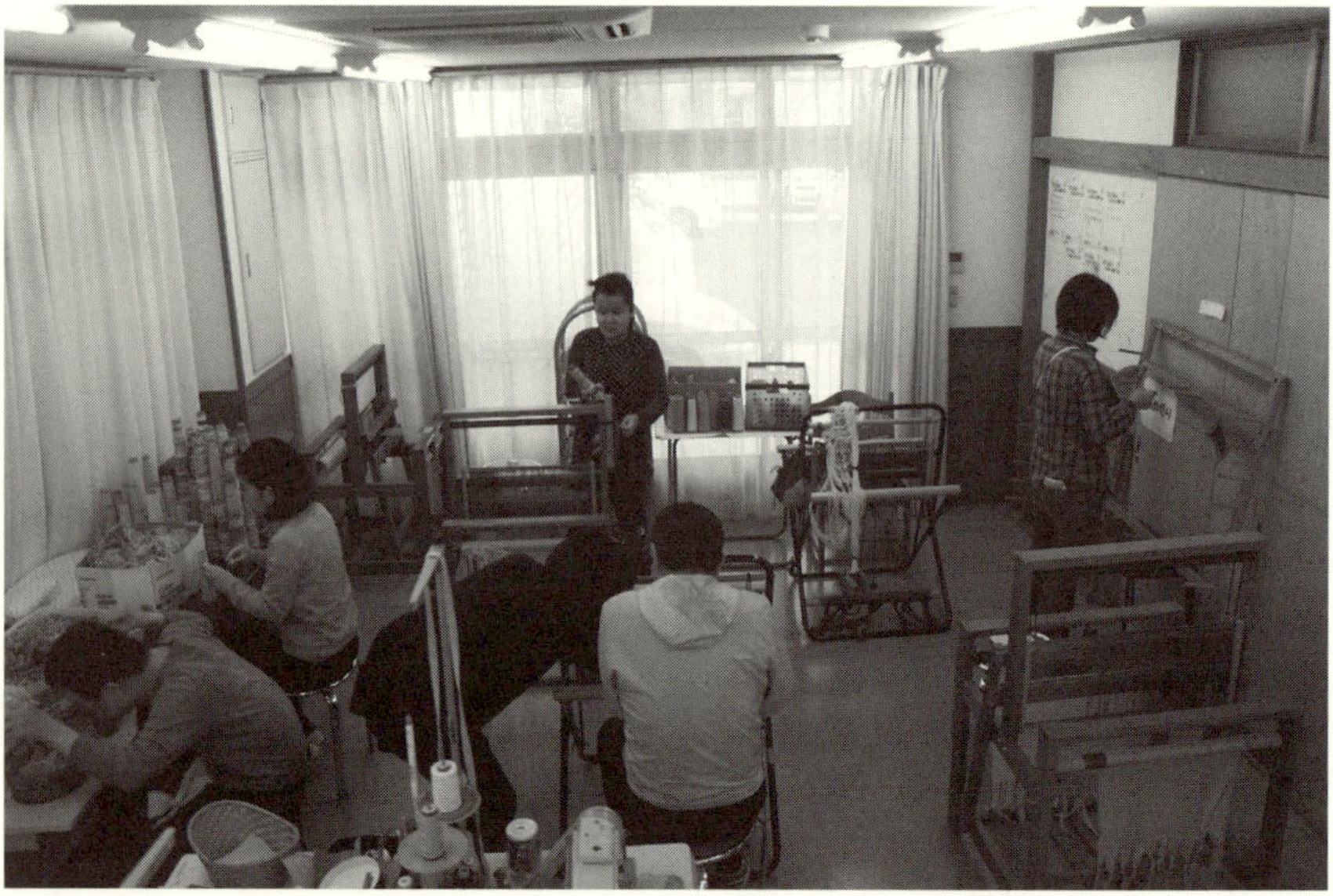

さをりの花咲グループ。18年、この5人が「織り仲間」

なるのではないか、「外に出たい」気持ちはどこから生まれるのか…、家族や職員集団、関係機関と額を寄せあいながら、どう見守っていくのか、その内実を議論し、共有していきました。そして出した結論は、あおいさんの「伴走者」になるということです。先導するのではなく、後追いでもなく、横で伴走しながら、相手のペースに合わせ（あおいさんの思いを理解し）、こちらのペースにも合わせる（こうあってほしい思いも伝え合う）関係です。そしていつか、「心の同期がかなう関係」～あおいさんが感じたことを、職員も同じタイミングで同じように感じられる。その逆も～をめざしていこうと確認しました。

＊「心の同期がかなう関係」…禅語の啐啄同時《そったくどうじ》（導くものと、成長する者の間に生まれる絶妙の機をのがさないことの教え）が表すように、両者の心・気持ちが一致し、共に次の一歩が踏み出せるような関係性のこと。

「心の杖」「心の窓」
……ぬいぐるみが新しい世界との橋渡しに

あおいさんが外に出ていく時は、必ずぬいぐるみを持っていきます。両手で荷物を持つ時も脇に挟んで離しません。室内で落ち着いている時はそばに転がしてあります。そんな姿から、ぬいぐるみを「心の杖」にして、新しい外の世界にむかって「心の窓」を開け、精一杯不安な気持ちとたたかっているあおいさんを支えたいと思いました。感覚過敏による不安や恐怖を少しでもわかってあげたい、そんな気持ちで職員もあおいさんの震える世界を精一杯受け止めようとしました。行きつ戻りつ、七転八倒の日々のなかで、あおいさんからそっと手をつないできてくれた日のことは今でも鮮明に覚えています。「なにか思いが繋がった」そんな気持ちがしたのです。

はたらくなかでたくましく

自分なりの関わりで、さをり織りに向かい手応えを感じて

あおいさんに変化が現れたのは半年経った頃でした。周りの人や周りの物に心が動き始めたのです。きっかけは一緒に働く仲間の「さをり織り」。仲間がしている「さをり織り」を自分から織りいくようになったのです。

「さをり織り」にはいくつかの工程があります。①準備(縦糸づくり、おさ通し・ヘルド通し)②横糸をつなぎ織る③縦糸を巻き取っていくという工程です。好きな糸を自分で選んで自由に織ることができる楽しさがあり、あおいさんも、学校時代少し経験したことのある仕事で

した。
最初の頃は「さをりしようか」と働きかけてもなかなか自分から織りに向かうことはありませんでした。気長に待ちながらも、お手伝いで縦糸巻きをお願いしたら、「できる、できた」「やったこともある」と、興味がもてるようになり、自分からタイミングを見て巻きにいってくれるようになりました。そして、周りの人の織りにも目がむいて、仲間の「さをり織り」を織りいくようになったのです。一生懸命に織る仲間から「あおいさん嫌や。やめて」と怒られてもずっと織ろうとしていました。

私の色をつかってほしい。この糸で織ってほしい

そんなあおいさんは現在、班の中でとても忙しく動き回っています。縦糸のまきとりだけでなく、縦糸づくりや横糸も巻いてくれるようになりました。そして他の仲間に自分が使ってほしい糸を渡すという姿が見られています。職員が他の仲間の意思も尊重してほしいと時々あおいさんが横糸を渡すのを制止すると声を出して怒ることもあります。まるで私の仕事は「縦糸巻き」「横糸巻き」と言わんばかりに動き回っているのです。周りから見ればちょっと「おせっかい」に見える行動ですが、周りとのやりとりの中で自分の思いを表現している姿に心が温かくなります。

さをり織りというのは織る人の思いが糸の色合いとしてダイレクトに現れます。その時々で使う糸が違うので、二度と同じものはできないオリジナルのものです。時間をかけて織ってくれた反物を商品に加工して社会に出していくこと、商品を手に取ってくださった人にそのぬくもりを届けていくことがあおいさんと社会をつなぐ架け橋になると思っています。

「外に出たい」から「シゲンカイシュウ」に

「外に出ていきたい」強い気持ちは、最初は同じ部屋で一日過ごすのが嫌で逃げ出したかったのかもしれません。外に出れば、あおいさんの苦手とする人と出会う可能性もあり、実際子どもを蹴ってしまったこともあります。でも、あおいさんにも地域に出て働くことはできるのではないか。「資源回収」の仕事を他の仲間と一緒にやってみようと始めました。そんな中で、他の仲間が資源回収する姿をジーッとみて、あおいさんも「やってみよう」という気持ちがでてきたのは大きな変化です。みんなと一緒に車に乗り込み、みんながするのと同じように、ダンボールや、新聞をがんばって運べるようになりました。運びきったときのすがすがしい表情に、逞しささえ感じます。仲間たちに「がんばったね」「おつかれさま」と声をかけてもらって嬉しそうです。資源回収は、地域の方からも「ありがとう」と言ってもらえる仕事でもあります。「地域で働く」ことの醍醐味をあおいさんも味わってくれているでしょうか。

「気持ちを運ぶ」「気持ちを積む」
わたし がんばってるもんねー

「危険だから」と制限するばかりでなく、どうすればあおいさんの思いに応えていけるのか、みんなと一緒に活動できるのか、工夫し、知恵を出し、仲間にあった仕事を創り出していくことをこれからも大切にしていきたいと思います。

言葉で伝える。大好きな「エイエイオー」

作業所に馴染み、一緒に働く仲間たちや職員にも慣れ、好きな仕事が少しずつできてきたのと並行して、あおいさんの言葉は増えていきました。最初の頃はまったく発語がなく、自分の要求は突発的な行動で表していたのですが、自分の気持ちが伝わっている、受けとめられている実感があおいさんの中にもあるのか、今は単語で伝えてくれます。早口の「オカイモノ」「ケーマート」は外に出たくてイライラした時に出る言葉です。あおいさんの要求通りに予定が組めない時は、カレンダーを指して「この日は買物に出るよ」と伝えると、イライラしながらも納得して切り替えてくれるようになってきました。今では朝の会で「シゲンカイシュウ」や「カイモノ」「サヲリ」と自分の仕事を発表し、「エイエイオー」の掛け声をしてくれるようになりました。

かけがえのない自分づくり。障害の重い人にとっての労働を考える

きぬがさ作業所に通い、「働くこと」を通して仲間や地域とつながり、かけがえのない「自分づくり」をしてきたあおいさん。今年で18年目となり利用者集団の中では中堅どころです。さまざまな課題に直面し紆余曲折のあった18年間でしたが、そこには必ずあおいさんの願いがありました。

外出することが大好きなあおいさん。班の仲間たちから外出や買い物の話が出ると笑顔が溢れ、みんなと一緒に活動することに大きな期待と喜びを感じている様子が伺えます。外出にはまだまだリスクが伴います

が、安心して楽しめた経験は少しずつ積み重なって、その要求はますます太くなり、ゆたかさを含んでいます。仲間と共に働くこと、地域に出ること、お給料を得ること、得たお給料で好きな買い物に行くこと、あおいさんにとってすべてが楽しく、やりがい溢れるものです。そこには立派な労働の価値が存在しています。

労働を通して人間としての発達が保障される社会を

1960年代、滋賀の障害児施設である近江学園から「発達保障」という理念が誕生します。当時の学園の園長であり、「この子らを世の光に」と提唱した糸賀一雄氏や、発達の実践的研究にとりくんだ田中昌人氏らによって導き出されたこの理念は、「発達的共感」を基盤に、誰もが同じ発達のみちすじを辿っていくという普遍的価値を認め合い、どんなに重い障害があったとしても誰ととりかえることもできない個性的な自己実現をしているという人格発達の権利を徹底的に保障していこうというものでした。人間としての内なるゆたかさをも含んだ生存価値を社会的にすべての人間のものと

いつもそばに〜ぽろり・じゃじゃまる

して保障されるように、つまり発達の主体である一人ひとりのかけがえのない「自分づくり」の砦を皆で守り抜こうとすることが、当時「保護」の対象としかされず、障害者は発達しないとされていた制度や考え方の対軸として確立したのです。

きょうされんを中心とした当時の共同作業所づくりの基軸においても労働の権利と共に発達の権利の保障が求められてきました。本来人間は労働を通して発達してきたという視点にたち、単に作業所において仕事が与えられるのではなく、障害が重くても働くことを通して社会と結びつき、生きる喜びや成長する喜び、集団と共に分かち合う喜びを得られるような実践は、「要求や願いにもとづく実践」として捉えられてきました。「労働」を通して、作業所に通う仲間たちが「変わっていく」、そのような姿を多くの共同作業所の実践が明らかにし、一人ひとりが主体的にとりくめる仕事や、共に働く集団づくりを大切にしてきたのです。

そして未来へ

昨今、やまゆり園事件をはじめ、障害のある人たち

の存在そのものを否定し、排除しようとする優生思想が脈々と息づき、役に立つかどうか、経済力・生産性があるかどうかで人間の価値が量られる考え方がますます強さを増しています。能力主義一辺倒の労働の側面が障害のある方たちを労働と人間発達の権利から疎外させていく構造の拡大は何としても食い止めなくてはなりません。

作業所における労働実践は、障害のある方たちの労働への参加を保障し、労働の中で芽生える自己変革ともいえる要求の高まりをより深く、ゆたかに展開させていくという働きかけです。一人ひとりが自分らしく輝ける労働を通して社会や集団とつながる。わたしたちはそんな「働くこと」が認め合える社会をめざし、実践を進めていきます。

参考文献

「障害者の発達と労働」　秦安雄著　ミネルヴァ福祉選書（1982年）
「障害者の自立と発達保障」　加藤直樹著　全障研出版部（1997年）
「発達のひかりは時代に充ちたか?」　田村和宏　玉村公二彦　中村隆一編著　クリエイツかもがわ（2017年）
「障害のある人の発達保障」　白石恵理子著　全障研出版部（2018年）

今こそ問い直す、働く意味

社会福祉法人ひびき福祉会　アクティビティーセンターひびき
西村さやか

アクティビティセンターひびきには、62名の働く仲間たちがいます。知的障害・自閉症・肢体障害・ダウン症・重症心身障害など、さまざまな障害や程度の人たちが、一人の大人として毎日それぞれの形で働いています。

現在6つの班に分かれて活動しています。

その内2つの班は、1日仕事に励み、自動車部品の袋入れなどの下請け作業や牛乳パックのリサイクル作業・ふきんやポーチなどの縫製作業にとりくみ、より高い工賃を得られるように日々がんばっています。作業をするだけでなく、仲間たち自身が部材の納品や引取りにも出向いて、社会とのつながりを大切にしています。

残りの4つの班は、強度行動障害や高齢の方、障害の重い人たちの班ですが、やはり一人の大人として働くことを大切にしています。毎日半日は仕事に携わり、後の半日は散歩やストレッチにとりくみ、心も体もリフレッシュさせたり、音楽や創作活動で自分を表現することを楽しむ時間も持っています。

「こんなに障害の重い人がこんなにも働いているなんて」

事業所に見学に来た人たちが、「こんなに障害の重い人がこんなにも働いているなんて」と、仲間たちが働いている姿を見て感心して帰られます。

「すごいでしょ」と鼻が高い気持ちと同時に、世間からは、障害のある人は働けないと思われているのだという悔しさが沸き上がってきます。障害のある人たちも、方法や形を工夫すれば自分の力を発揮しながら働くことができる。その姿をもっと見える形にしていかなければならないと日々感じています。

働くとは、まず人が動くことから始まる

そもそも働くということはどういうことなのでしょうか。『働』という字を見ると、『人』と『動』が合わさってできています。人が動く・人と動く・人のために動く・人を動かす…『人』と『動』の間にどのような言葉を当てはめるのか、個人によっても場面によっても異なり、『働く』ことの意味は多様です。

多くの人にとっては、生計を維持するためということが一般的に働くことの大きな目的ではないかと思いますが、その意味では、アクティビティセンターひびきで働く障害のある人たちは、生計を維持できるだけの労働力を持ち得ていないのが現状です。しかし、初対面の人たちがみても「この人たちは働いている」と感じさせる働く姿がここにはあります。作業部材と対峙して、なんとかこの部材を袋に入れようと手元に集中し、２㎝広げるのにやっとの親指と人差し指をひらいて部材を動かし、やっと一つ袋に入れるのに5分以上かかっても諦めない姿は、間違いなく働いている一人の労働者の姿です。

支えてもらう存在から、働くことを通して人を支え、人にあてにされる存在へ

障害が重ければ重いほど、人に支えてもらい助けてもらうことが多くなります。しかし、わたしたちが毎日一緒に働いている仲間たちは、支えてもらうばかりの人生ではなく、何かを自分の力で成し遂げられる人生を力強く歩んでいます。支えてもらう存在から、働くことを通して人を支え、人にあてにされる存在へと変化してきています。これがわたしたちが障害のある人たちとともに働くことにこだわってきた大きな理由

です。

しかし、誰もが最初から働くことに向き合えるわけではありません。まずは人（自分）が動くことから始まります。そのためにほんの小さな気づきや興味を引き出すことが働くことの最初の第一歩となります。

障害の重い人たちが所属する班では、金網の製作会社からの注文で、金網の間に挟んで使う緩衝材をつくっています。作業工程は、新聞紙を半分に割いて丸めたものを4つ紙袋に入れて完成というものですが、新聞紙を半分に割く人、それを丸める人、丸めたものを袋に入れる人と分業し、みんなで協力しながら仕事をすすめています。

小さな小さな気づき、発見の積み重ねが仕事につながる

手に伝わる振動や音に「ふふっ」

久実さんは緩衝材をつくる過程の中で見つけた小さな気づきが自分の楽しみになり、仕事の目的になった一人です。久実さんは自閉症の方で、音への過敏さがあり、集団とは距離を置いて部屋の隅で横になって生活する時間の長い人です。発語はありませんが、自分のして欲しいことがあると、職員の肩をノックしたり、手を引いたり、何か不快なことがあると自傷や他傷行為で訴えてきます。自分からは集団の中に入って来ない人でしたが、しだいに仕事時間が始まると、自分から

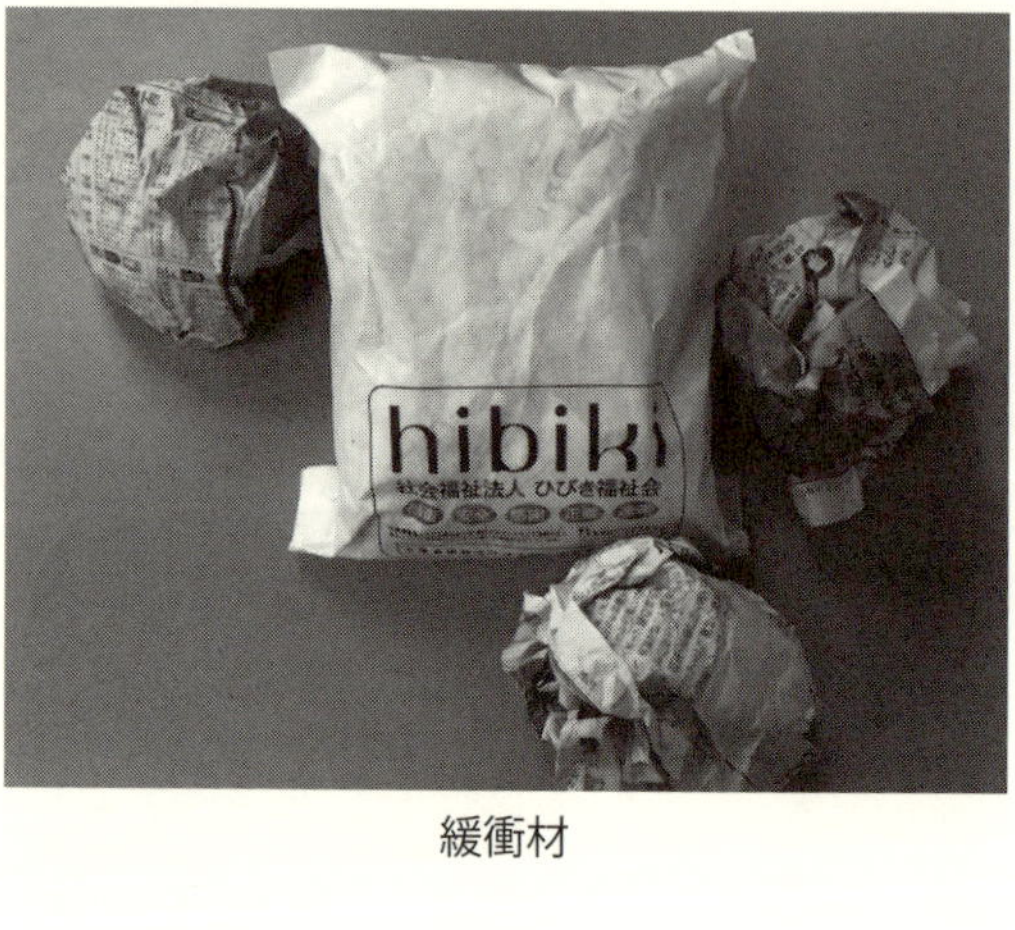

緩衝材

２人で新聞を割いているところ

席に着いて職員を待つようになりました。

久実さんの最初の気づきは新聞紙を割く時の手に伝わる振動や音でした。ゆっくりと両手で新聞を割きながら「ふふっ」と笑い、「次もしよう」と職員の手を新聞紙の方へ引っ張るようになりました。新聞を割くときの、このおもしろい刺激を求めて集団の中に自分から入ってくるようになった久実さんですが、次の気づきは、完成品を届けに行く時、みゆさんが優しい笑顔で「久実さん、ありがとね」と言って、優しく握手をしてくれることの心地よさでした。

優しい「ありがとね」が聞きたくて

自分の席からみゆさんのところに完成品を持って行く。わずか5メートルほどの距離ですが、最初は途中で完成品が籠から落ちてしまっても知らん顔で休憩場所に逃げて行ってしまったり、みゆさんの机の上にポーンと放り投げて走って戻って来たりしていました。

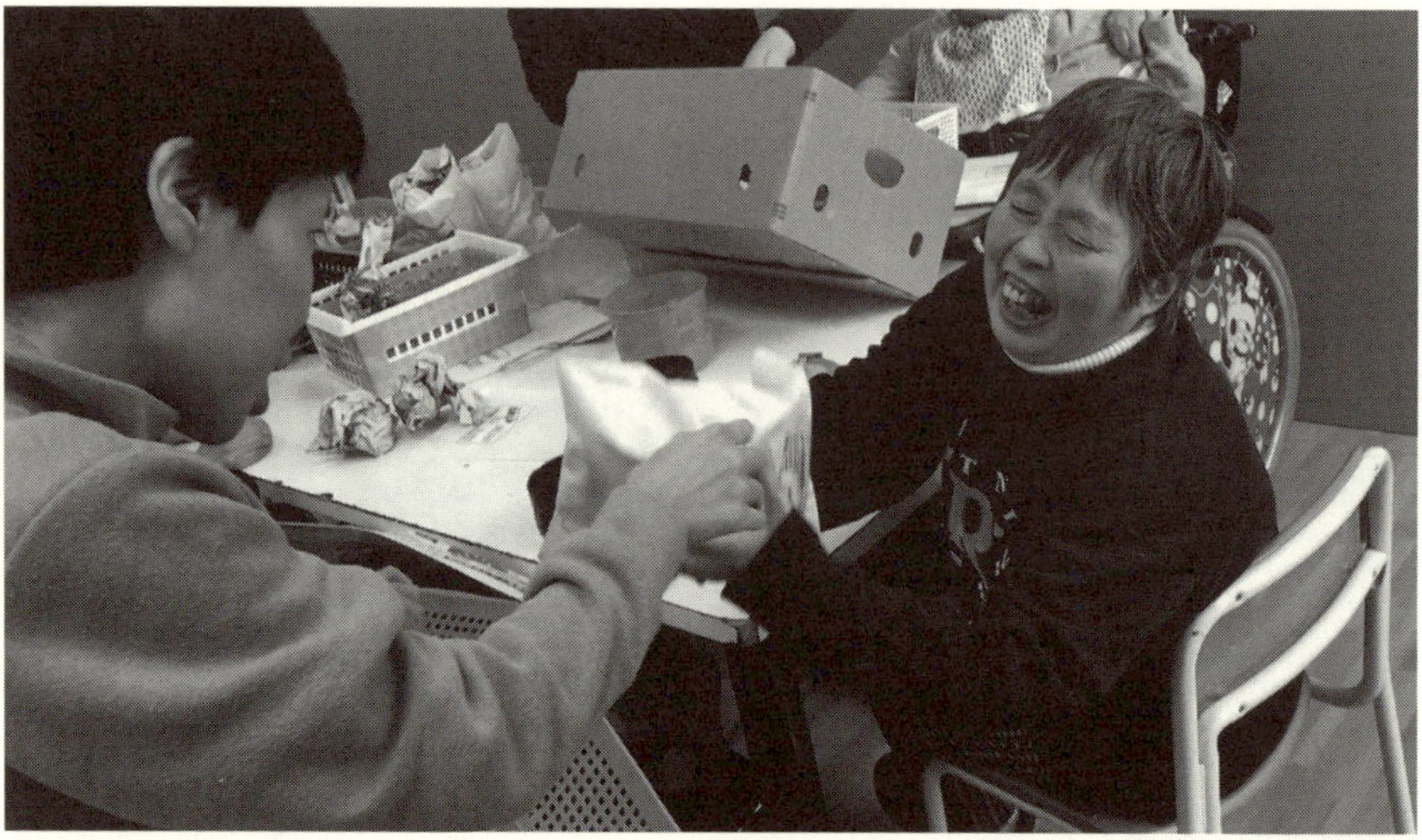
完成品の受け渡し

それが今では、みゆさんが自分の方に振り返り、「ありがとね」と受け取ってくれるまで完成品を手にもって待つようになってきました。そして、自分から手を差し出して、握手を求めるようにもなってきました。自分のところからみゆさんのところに完成品を持って行く。同じ動作ではありますが、以前と現在では大きく意味合いが違います。久実さんは自分がしていることを待っている人がいることや、喜んでくれる人がいることを感じています。

人との関係の中で、自分がしたいこと、していることの意味を知る

この小さな小さな気づき、発見の積み重ねが仕事へとつながっていくのです。久実さんはただ物を運んでいるのではなく、みゆさんと私という関係の中で、自分がしていることの意味を知ることができました。人との関係の中で「あの人に持って行きたい」「あの人に喜んでもらいたい」と、自分自身の動機づけや自分づくりをしていくこの営みは、働くことの大きな魅力であり、大切な意義ではないかと思います。

まずは人（自分）が動き、そこから人と動き、人のために動き、人を動かす…と、障害のある人たちもどんどん働くこ

との意味を変化させ、目的を増やすことができるのです。

働くなかで、目標も、達成感も大きく育っていく

職員の気づき

小さな気づきが少しずつ大切な目標になっていく。そしてその目標を働く中で育てていくこともできる。そのことを教えてくれたのはさえさんでした。

さえさんは、両上下肢に障害があり、車椅子で生活している女性です。自分の気持ちは、単語が書かれたコミュニケーションパッドを指さして表現することができます。好奇心旺盛で、何でもやってみたいと手を挙げる活発な女性です。何にでも挑戦し、すべての工程ができるようになったさえさんに職員も期待を寄せ、仕事全体の流れを見ながら「ちょっとこっちを手伝って」と、作業の手を止めさせて途中で違う工程に切り替えてもらうこと

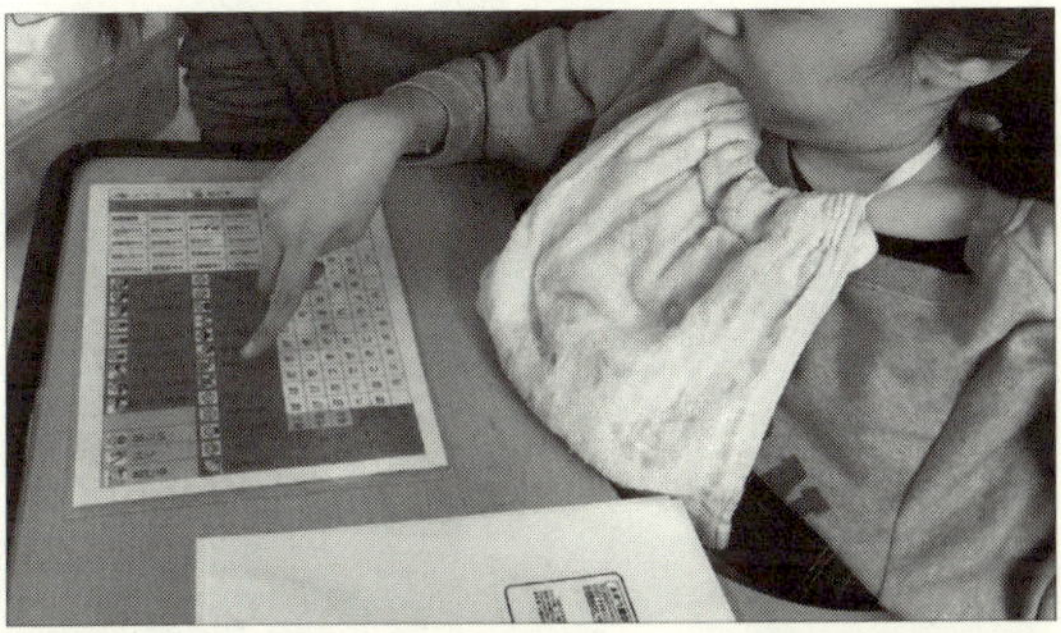

コミュニケーションパッド

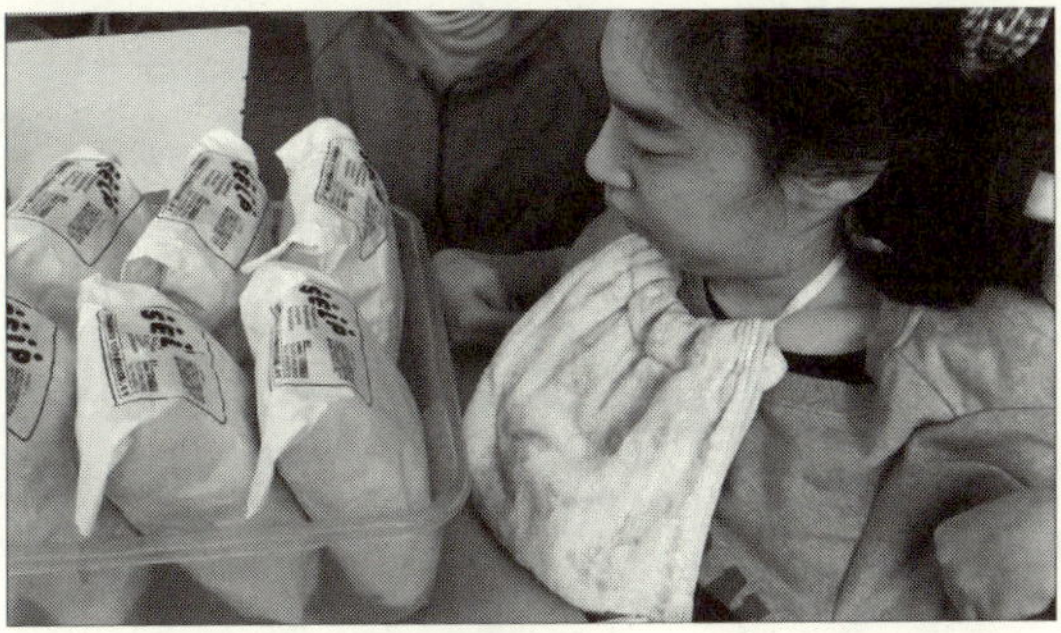

完成数の確認

が常でした。ある時、いつものように途中で違う工程をお願いしたときに、「えっ？」と、ほんの一瞬いつもとは違う納得のいかない表情を浮かべました。それまで職員がお願いすればなんでも「ＯＫ」だった彼女は、その時なぜ納得のいかない表情をしたのでしょうか。それは、さえさんの仕事への向き合い方や目的が、職員が気づかないうちに変わっていたからです。ただ仕事をしていることが楽しいのではなく、今日はこれがしたい、これだけ完成させるぞと自分なりの目標と達成感を求めて働くようになってきた。だからこそ、職員に言われるがままに工程の変更を受け入れるのではなく、そのことに疑問や不満を感じて表情に表れたのだと思います。職員は生産数に目が行き過ぎて、一人ひとりの目的や達成感に目を向けてこなかった。そのことに気づかされた一瞬でした。

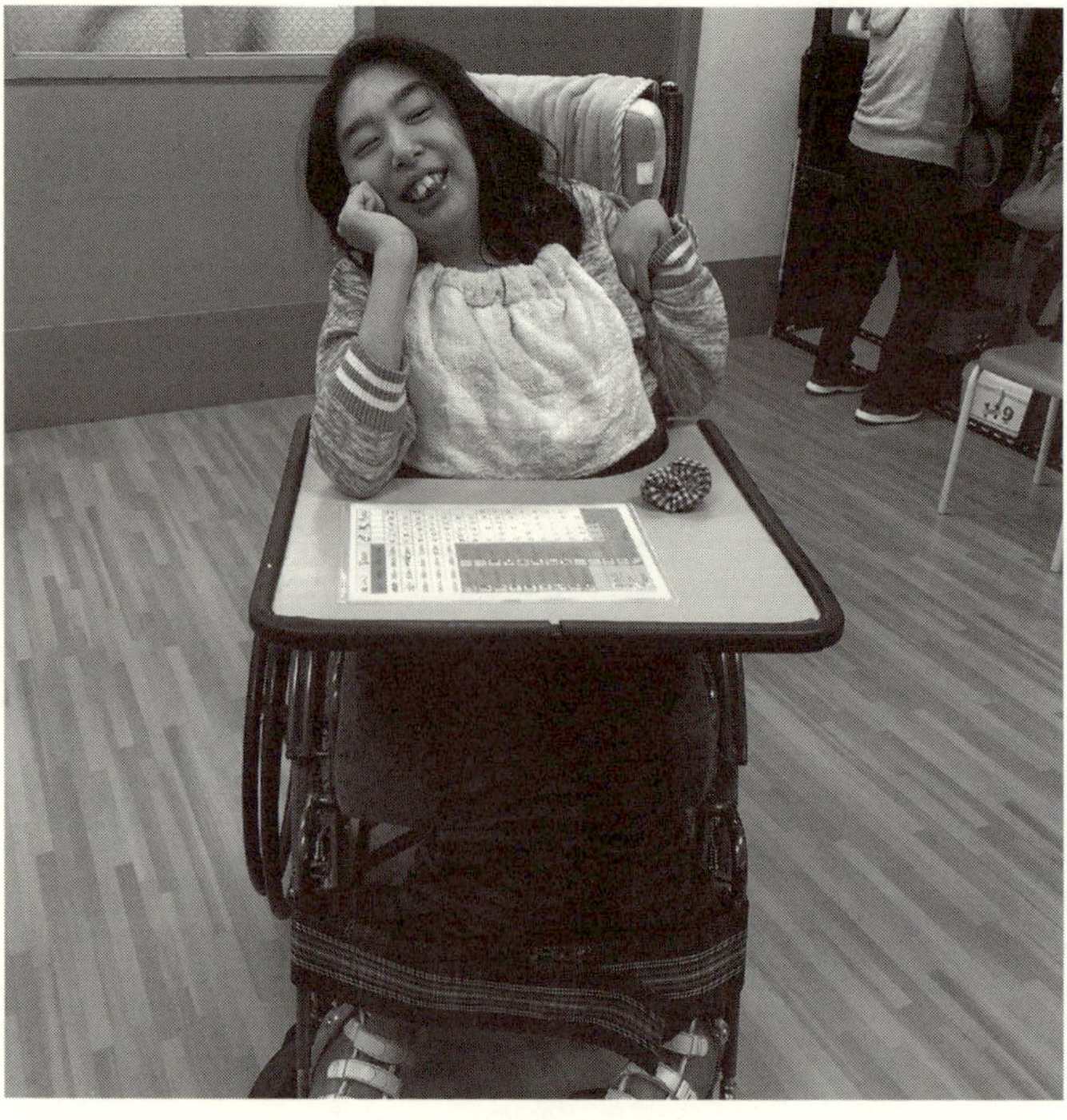

さえさん

仕事は毎日変わらない完成形がある だから目標に向かってがんばれる

さえさんは自分がやろうと思ったことは最後までやり遂げる力があるし、その結果を感じることもできる人です。大事なさえさんの強みを活かせるように、次からは自分でやりたい工程と目標数を決めてとりくんでもらうことにしました。最初は、1時間の仕事時間で3袋仕上げることを目標にとりくみはじめ、順調に目標を達成する日々が続きました。しかし、とうとう目標を達成できない日がやってきてしまいました。それまで積み重ねてきた自信が崩れてしまった様に悔し涙を流し、できなかったのは職員が悪いと八つ当たりをするさえさん。「なぜできなかったのか」「こうしたらできるようになるかもしれない」と、一緒に結果を振り返り、考える時間を持ちました。そして次の日、また同じ目標数にし、やっとの思いでやり遂げることができました。はじけるような笑顔で大喜びのさえさん。今、さえさんにとっての大きな目標は、1時間に8袋完成させることです。

仕事は、毎日変わらない完成形があり、だからこそ、完成

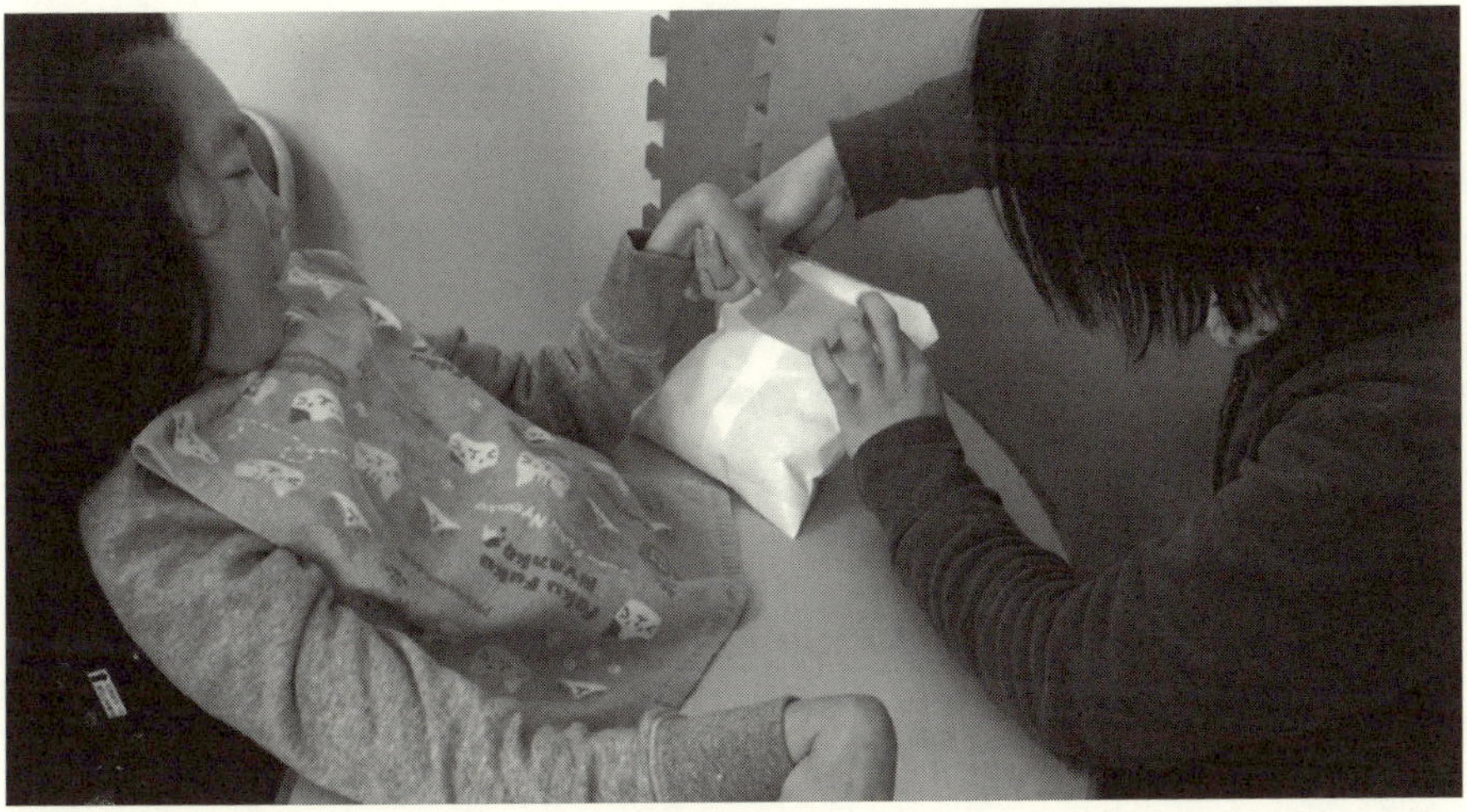

ガムテープ貼り

に向けて何度も挑戦し、「どうしたらできるのだろう」と考え、工夫するようにもなります。その中で、今日の自分と昨日の自分を比べることができるし、明日への期待も抱くことができるようになり、それが自分自身への信頼に繋がっていきます。

仕事はみんながいるからがんばれる

仕事は一人ではできません。自分の工程の前後には必ず人がいて、自分が仕事をするためには、「ちょうだい」と、人に働きかけないといけないし、逆に、次の工程の人にせかされることもあります。同じ机を囲んでみんなで仕事をするからこそ、自分もあんなことしてみたいとあこがれや希望を持つこともできるし、みんなでしているからこそ、がんばった気持ちを共有したくもなります。

さえさんの完成数が延びなかった時には、他の仲間から「今日は少ないな」と、残念そうな声を掛けられることがありました。その言葉は、さえさんを傷つけてしまいそうな言葉ですが、そうではなく、さえさんへの信頼であり、期待からくる言葉です。さえさんは自分の仕事のその先にある取引先や消費者にまで意識を向けることは難しいですが、そうやって自分ががんばったことを見ていてくれて、評価を返してくれる働く仲間集団が、さえさんにとっては大切な社会なのです。仲間とともに同じ目標に向かって一緒にがんばれる仕事だからこそ、個人を育て、集団を育て、人とのつながりを強固にしていくことができるのだと思います。

働くことは集団づくり　育ちあえる労働集団とは

働くことは集団づくりであり、集団が働くことを可能にします。ただ同じ空間に複数人いることが集団とは言えません。同じ目的に向かって互いに刺激をしあえる関係が、集団ではないでしょうか。

重度の自閉症で、音や触覚に強い過敏さがある翔さんは集団が苦手です。いつも部屋の奥の窓際で壁に背中を着けて立ち、他の人達の動きを警戒している翔さん。人が近づこうものなら押し返すほど警戒心が強い人でした。それが今では、自分のそばに仲間が近づいて来て遊んでいても、うとうとして眠り込んでしまっても全然平気な顔して一緒に過ごしています。仕事も一人用の机で自分の休憩場所と行ったり来たりしなが

写真は上から、作業前、袋入れ、袋入れが出来た時

らしていたものが、5人くらいの集団で一つの机を囲んで仕事に励んでいます。この変化は一体何なのでしょうか。なぜ人が自分のそばで過ごすことを受け入れ、仕事の時間には自分から集団に身を置くことができるのでしょうか。

互いの努力している姿が働く雰囲気をつくり、個を集団に引き寄せる

仕事は、ほぼ毎日同じことの繰り返しなので、一定の流れと雰囲気ができあがっています。自分がすることもはっきりしているし、他の仲間がしている事もその動きも予測することができます。みんながつくった商品を袋詰めする役割の翔さんは、部屋の奥で他の人たちの仕事の様子をじっと見ながら、自分の出番を待っていました。最初は職員が「翔さん、お願いします」と声をかけて席についてもらっていましたが、次第に自分で作業の流れを見てそろそろだなと席に着くようになってきました。時には他の仲間から「仕事して」と手を引かれることがありますが、相手の意図が明確なので、拒否するのではなく、言われるがままに席に着くこともあります。そういう姿が出てきたころから一人机をやめて集団の中に席をつくると、徐々に集団に入って仕事をすることが当たり前のようになっていきました。

もちろん今でも翔さんは休憩時間など、それぞれが予測のつかないバラバラの動きをしている時には部屋の隅で緊張した面持ちで立っています。それでも部屋の隅に居ながら、相手がどんな人なのか、どういう動きをする人なのか仲間の動きを観察して、少しずつ相手への信頼を育てていっているのだと思います。翔さんは距離を持ちつつきちんと集団に参加しているのです。

働く仲間集団は、互いの努力している姿が働く雰囲気をつくり、個を集団に引き寄せる。互いに刺激し合うなかで個人が繋がり、集団が大きく発展していくことができる。これもまた、わたしたちが働くことにこ

だわる理由の一つです。

働くことで「わたし」が育ち、人生がゆたかになるということ

アクティビティーセンターひびきで働く仲間たちの仕事は、決して生活できるだけの給料が稼げるわけではありません。しかし、一人の人間としての人生のゆたかさは、確実に自分で積み重ねてきています。

効率的に仕事を進めていくならば、わざわざ工程を細分化する必要はなく、自己完結できるように設定してしまえば、そのほうが効率的です。もちろん一人ひとりのできることに限界があり、細分化せざるを得ないところはありますが、それだけではないと思っています。自分の事を必要だと言ってくれる人がいて、自分がしたことを喜んでくれる人がいて初めてそのものに価値が生まれ、仕事として成立する、だからこそわたしたちはひとりで黙々と完成させるのではなく、わざわざ工程を細分化し、次の工程の人に手渡してもらうことで、人と人とをつなぐことを大事にしてきました。

働くこと、それは、一人の人間として成長・発達すること。自分の人生を自分の力で生きていくために必要な力を養い、大人になっていく過程とも言えます。

仕事の中ではめざすべき結果があり、明確な目的が持てるからこそ意図的にモノに働きかけることができるし、できたことやできなかったことを感じることもできます。「うれしい!」「くやしい!」と感情を揺さぶられ、やり遂げたいという粘り強さや諦めない心が育ち、どうしたらできるのだろうと、モノを見て考える力や工夫が生まれてきます。自分ではどうにもならなくて、「てつだって」と、人の手を引いたり、声を出して伝えられるようにもなります。毎日同じことをしているからこそ、今日の自分と昨日の自分を比べ、明日の自分への期待を抱くこともできます。そして、働く中で互いに受け止め合い、必要とするからこそ、

意図的なコミュニケーションを可能とし、苦手だった集団の中に身を置くこともできるようになり、集団でいるからこそ人への期待や憧れも生まれてくる、そうやって、働く中で「わたし」という存在が魅力的に大きく育っていくのだと思います。「わたし」が育つことで、人生はゆたかになります。働くことの本来の意義はそこにあるのではないでしょうか。

どんなことに興味を持ち、手応えを感じ、感動できるか

……自分で目的をもちにくい障害の重い人たちの労働

人の能力は自分が必要を感じた時にその力を延ばすことができる。『必要がその器官をつくりだす』という言葉があります（引用　原典解説『サルが人間になるにあたっての労働の役割』伊藤嘉昭著）。ただ仕事をしてもらうことを目的にしたならば、淡々と自分のできることをしてもらえばいいでしょう。しかし、自分で目的を持ちづらい重い障害のある人たちにとってはそこに何の意味があるのでしょうか？ただやらされているに過ぎない、ともすれば強制労働になりかねないのではないでしょうか？やらされている仕事から、これは私の仕事だと主体的に向き合える仕事となるためには、やはりその人が目の前の仕事のどんなところに興味を持てているのか、どんなことに達成感を抱くのか、どんな自分に感動できるのかというところに焦点を当てる必要があります。

「これが好き」「これがしたい」「この人としたい」「これができた時、最高に気分がいい」と思えることがあればこそ、その人の能力はぐんと伸ばすことができるものであり、ただできることばかりをしてもらっているだけでは発展しません。人の興味や達成感の持ち方は変わってくるし、当然そうあるべきで、その変化

は人がまた新しい自分に気づく大きなチャンスです。障害があるなしに関わらず、人はみなそのチャンスを保障されるべきだと思います。

今回ご紹介した仲間たちの姿はほんの一部であり、彼らも他の人たちも、毎日少しずつさまざまな力を獲得し、どんどん魅力的な大人になってきています。

モノを捉える力、考える力、工夫する力、相手を意識する力、相手に合わせて自分の気持ちを調整する力、やりたいことをやり通す力、悩んで悩んでやっとやり遂げられた自分に感動できる力、自分自身を信頼できる力、そのどれもが自分の人生を生きていくうえで大切な力ではないでしょうか。

「諦めたらあかん!」

ひびき福祉会は創立以来40年を超えました。当然50歳を超える仲間たちが増えてきており、身体に痛みが出て来たり、認知症を患っている人もいます。若い時のように、生産活動に長時間集中することは難しくはなりましたが、後輩たちに「諦めたらあかん!」と重みのあるエールを送り、支えてくれています。

「諦めたらあかん!」この説得力のある一言の主は智子さんです。水頭症の女性で「働きたい。働ける場所が欲しい」と、今のひびき福祉会をつくってきた一人です。若い時はミシンを踏んできょうされんふきんを一日に何十枚も縫い、後輩たちはその技術や安定感に憧れを抱いていました。縫製の事は何でも教えてくれる智子さんは、後輩たちにとっては師匠であり、そして、悩みも聞いてくれる母のような存在でした。その智子さんも50歳を過ぎて体に不調が出始め、ミシンが踏めないようになり、60歳を過ぎると傾眠状態の日が多くなりました。それでも智子さんは、作業所にくる日は「仕事、仕事。数かぞえする」と言って出勤してきます。他の仲間たちが、完成品を智子さんに届けにくると、それまで固く閉じていた目をぱっちりと開き、動きにくくなった腕をゆっくりと伸ばして受け取ろうとします。受け取ってくれるのが待ちきれなくて席に戻ろうとした仲間にかけた一言が、「諦めたらあかん！」でした。
智子さんは２０１８年1月に永眠されましたが、智子さんの姿は、わたしたち職員にとっても憧れです。

働くこと、その積み重ねが人生を支えるエネルギーに

働くことは自分の力・人生を活かす事であり、明確な目的に向かって懸命に頭と体を働かせて、成し遂げ、そのことを喜んでくれる人がいる。それが生きる力になる。いつも何か手伝ってもらう存在ではなく、自分のために、人のために自分の持っている力を活かすことができる存在へと変化できる大切なプロセスが、働くことには存在する、そのことを教えてくれたのが智子さんでした。

智子さんだけでなく、ベテランの仲間たちはみな、「昔は職員に色々教えてもらったけど、今はその職員を抜いたわ」「あの時泣きながらがんばった。だから今何でもできるねん」と言います。若いうちにかち取った力は、いつまでも人生を支えてくれることを表しています。

今は本当に小さな小さな気づきでしかない仲間たちも、その積み重ねが人生を支えるエネルギーになると信じて、これからもわたしたちは仲間とともに働くことにこだわっていきたいと思います。

【執筆者】

三木裕和（みき　ひろかず）

1955年、兵庫県生まれ。関西大学文学部哲学科卒業、兵庫教育大学大学院学校教育研究科修了。1980年より、兵庫県の障害児学校に勤務。重症心身障害児、自閉症児、知的障害児などを担任。2011年8月より鳥取大学地域学部准教授、2014年4月より、同、教授。2016年4月より鳥取大学附属特別支援学校長(併任)。障害児教育学。障害児教育の教育目標・教育評価論。授業づくり（重症児、自閉症児)。教師論、学校づくり論。

著著『障害のある子どもの教育目標・教育評価－重症児を中心に』（共編書)、『重症児の授業づくり』『重症児－思春期からの医療と教育』（以上、クリエイツかもがわ)『重症児の心に迫る授業づくり』（かもがわ出版)、『障害児教育という名に値するもの』『人間を大切にするしごと』（全障研出版部）など。

社会福祉法人きぬがさ福祉会

〒521-1131 滋賀県近江八幡市安土町下豊浦細江9019

TEL:0748-46-2646　FAX:0748-46-5560

社会福祉法人ひびき福祉会　アクティビティーセンターひびき

〒577-0804　大阪府東大阪市中小阪5-14-23

TEL:06-6732-1112　FAX:06-6725-6522

〈ＫＳブックレット No27〉

はたらく　ＷＯＲＫ　障害のある人の働く姿から

2019年1月25日　初版第1刷

三木裕和・きぬがさ福祉会・ひびき福祉会　著

発行所　きょうされん

〒164-0011　東京都中野区中央5-41-18-4F

TEL 03-5385-2223　FAX 03-5385-2299

郵便振替　00130-6-26775

Email zenkoku@kyosaren.or.jp

URL http://www.kyosaren.or.jp/

発売元　萌文社（ほうぶんしゃ）

〒102-0071　東京都千代田区富士見1-2-32　東京ルーテルセンタービル202

TEL 03-3221-9008　FAX 03-3221-1038

郵便振替　00190-9-90471

Email info@hobunsya.com　URL http://www.hobunsya.com

印刷・製本／倉敷印刷　　装幀／佐藤 健

ISBN978-4-89491-370-7 C3036

視覚障害などの理由から本書をお読みになれない方を対象に、テキストの電子データを提供いたします。

ご希望の方は、下記までお問い合わせください。

なお、第三者への貸与、配信、ネットでの公開などは著作権法で禁止されております。

きょうされん

TEL03-5385-2223　FAX03-5385-2299

E-mail zenkoku@kyosaren.or.jp